Quand l'Europe s'éveillera

DU MÊME AUTEUR

LE DROIT SANS L'ÉTAT, *Sur la démocratie en France et en Amérique*, PUF, 1985 et PUF, « Quadrige », rééd. 2007.

LA MÉTAMORPHOSE DE LA DÉMOCRATIE, Odile Jacob, 1989, et Gallimard, « Folio », 1993.

L'EUROPE EN DANGER, Fayard, 1992.

LE CHOIX DE L'EUROPE, Fayard, 1995.

LE NOUVEL ORDRE NUMÉRIQUE, Odile Jacob, 1999.

LES SENTINELLES DE LA LIBERTÉ, *L'Europe et l'Amérique au seuil du XXIe siècle*, Odile Jacob, 2003, et « Poches », Odile Jacob, 2004.

LE CHOC EN RETOUR, L'OCCIDENT DANS L'APRÈS-GUERRE FROIDE, Odile Jacob, 2005.

GUERRE OU PAIX, *Essai sur le monde de demain*, Grasset, 2007.

UNE STRATÉGIE EUROPÉENNE POUR LA MONDIALISATION, Odile Jacob/La Documentation française, 2008.

Laurent Cohen-Tanugi

Quand l'Europe s'éveillera

BERNARD GRASSET
PARIS

ISBN 978-2-246-77941-4

Introduction

*Où est passé
notre avenir européen ?*

« La France est notre patrie, l'Europe, notre avenir », affirmait François Mitterrand à la veille du référendum de 1992 sur le traité de Maastricht instituant l'Union européenne. D'autres nous promettaient à la même époque un « XXIe siècle européen » : nous savons à présent qu'il sera asiatique, et sans doute chinois, comme l'avait prédit en son temps Alain Peyrefitte. Près de quarante ans plus tard, les répercussions de la crise économique mondiale amorcée aux Etats-Unis en 2007 ont mis l'Europe à rude épreuve. L'éclatement de la zone euro a été évité de justesse au printemps 2010, mais nul ne peut garantir que ce risque soit définitivement écarté. S'il devait se matérialiser, l'impact sur la construction européenne elle-même serait sans aucun doute considérable.

Mais le propos de ce petit livre ne renvoie pas à une interruption imminente et brutale du projet européen, qui demeure heureusement improbable. Il vise plutôt à conjurer un autre scénario, hélas plus réaliste et à l'œuvre depuis bien avant la crise : le lent dépérissement de la dynamique d'unification européenne, entraînant la marginalisation du Vieux Continent et le déclassement de son modèle économique et socio-culturel dans le monde globalisé du XXIe siècle.

Loin de suspendre le cours de la mondialisation, la première grande crise engendrée par elle en a au contraire accéléré les effets : essor de nouvelles grandes puissances économiques et géopolitiques, multipolarisation du monde et basculement de son centre de gravité vers l'Asie, fin de la maîtrise occidentale sur les affaires de la planète. D'ores et déjà, les cartes semblent largement rebattues pour la prochaine décennie : le monde émergent, Chine en tête, a retrouvé sa croissance d'avant-crise et poursuit sa fulgurante montée en puissance ; l'économie américaine rebondira, malgré une reprise encore incertaine, des déficits records et un chômage de longue durée à un niveau inédit ; l'Europe est, quant à elle, entrée dans une longue phase de turbulences financières et d'austérité budgétaire qui ne fera qu'aggraver une croissance structurellement faible, avec les conséquences sociales susceptibles d'en découler. Alors qu'il avait traversé la crise financière de 2008 sans trop de dommages, le Vieux Continent apparaît plus que jamais comme le maillon faible de la reprise mondiale. Depuis le G20 de

Toronto, en juin 2010, le débat franco-allemand sur le juste dosage entre rigueur budgétaire et politiques de relance s'est propagé à l'échelle mondiale : l'administration Obama et de nombreux économistes américains de gauche, tels Joseph Stiglitz ou Paul Krugman, reprochent ainsi aux plans d'austérité européens de déprimer la croissance mondiale et évoquent le spectre déflationniste de la Grande Dépression des années 1930.

Sur la scène internationale, les Européens ont récemment pris, coup sur coup, la mesure de ce risque de marginalisation. La conférence de Copenhague de décembre 2009 sur le changement climatique, longuement préparée par l'Union européenne, s'est conclue sur un accord américano-chinois décevant pour elle, et dont elle fut totalement absente. Quelques mois plus tard, en s'abstenant de participer au sommet Etats-Unis – Union européenne de mai 2010, Barack Obama signifiait aux Européens que le traité de Lisbonne, si laborieusement adopté, n'avait en rien résolu leur problème de représentation extérieure. Dans l'un et l'autre cas, c'est l'incapacité des Européens à parler d'une seule voix et défendre de véritables intérêts stratégiques communs qui a été sanctionnée.

A l'horizon d'une quinzaine d'années, selon toutes les études prospectives, la géopolitique mondiale telle que nous la connaissons depuis la révolution industrielle sera bouleversée. Le continent asiatique représentera plus de 35 % de la richesse de la planète, dépassant l'Europe, réduite à 20 %. Il concentrera également plus de 60 % de la population du globe contre 6,5 % seulement pour l'Union européenne, qui en représentait le quart en 1950. L'Asie aura également rattrapé les Etats-Unis et l'Europe dans les domaines scientifique et technologique, la Chine et l'Inde représentant à elles seules 20 %

de la R&D mondiale. Ces tendances s'accéléreront fortement d'ici à 2050, où les pays émergents devraient représenter 60 % du PIB mondial.

Le monde sera alors dominé par deux supergrands, les Etats-Unis et la Chine, qui vient de dépasser le Japon au rang de deuxième puissance économique mondiale. Ces deux géants devront composer avec un groupe de puissances économiques et politiques mondiales ou régionales – Inde, Russie, Brésil... – ayant en commun avec eux d'être des nations-continents. La capacité de l'Union européenne à faire partie de ce deuxième cercle dépendra de ce qui se jouera en son sein au cours des prochaines années : à défaut de pouvoir constituer une nation d'ici un demi-siècle, l'Europe devra à tout le moins renforcer sensiblement sa compétitivité économique, et se doter d'attributs lui permettant d'approcher le plus possible le statut de grande puissance, aussi intégrée et dynamique que possible.

Beaucoup, au nom de l'irréductibilité du fait national, ou par simple pessimisme européen, croient cet objectif irréaliste, condamnant *de facto* nos pays à la marginalisation. On leur accordera que faire de l'Europe une puissance dans la mondialisation est un défi considérable, exigeant un saut qualitatif dans la dynamique européenne qui ne saurait résulter que d'un sursaut collectif initié au plus haut niveau. Or, bien avant la crise, le projet européen manifestait des symptômes clairs d'essoufflement. L'érosion progressive de l'« esprit communautaire » entre Etats membres – plus encore que le rejet populaire du traité constitutionnel de 2004 en France et aux Pays-Bas, Etats fondateurs de la CEE – en est la manifestation la plus marquante. Au moment même où la mondialisation exigeait plus d'Europe, les Européens s'en sont paradoxalement détournés, non sans raison. La double crise, économique et existentielle, que nous traversons suffira-t-elle à rebattre les cartes ? Et par quel cheminement ?

Les multiples défis à relever pour que l'Europe tienne son rang dans la mondialisation ont été identifiés depuis longtemps. La vraie question – la plus difficile – est celle du « comment ? » : comment passer de l'état de paralysie actuelle à une situation politique nouvelle qui permettrait de relever ces défis ? La réponse à cette question exige une analyse lucide de l'état réel de l'Union et des inconséquences à l'origine du marasme actuel, afin d'en tirer un diagnostic clair, fixer un nouveau cap au projet européen, et se donner les moyens de l'atteindre. Le temps presse, et l'heure n'est plus au réalisme de l'impuissance bridant depuis des années la volonté européenne, mais à l'audace libératrice.

Quand l'Europe s'éveillera, le monde ne tremblera pas, et il sera peut-être trop tard...

1

D'une crise à l'autre

A la suite de Jean Monnet, les militants de la cause européenne aiment à affirmer, précédents à l'appui, que celle-ci ne progresse que dans les crises. Il est encore trop tôt pour savoir si les chocs en cascade assénés à l'Europe par la plus grave crise économique et financière mondiale depuis celle de 1929 se solderont par des avancées de même ampleur, ou par une déconfiture inédite. Plus de deux ans après la panique de septembre 2008, la performance européenne dans la crise mondiale reste en effet mitigée. Mais celle-ci aura au moins placé l'Europe face à ses contradictions et ses responsabilités.

L'Union dans la tempête

Les choses n'avaient pourtant pas si mal commencé. Lorsque la faillite de Lehman Brothers fait vaciller la planète financière, la France, qui préside l'Union européenne, déploie la réactivité et le leadership nécessaires à la mise en œuvre d'une coordination intergouvernementale de crise sans précédent : plan de sauvetage concerté des banques, mesures pour restaurer la stabilité du système financier et protéger les épargnants, solidarité avec les Etats membres ayant des difficultés de balance des paiements comme la Hongrie. A l'œuvre dès les prémices de la crise, en août 2007, la Banque centrale européenne (BCE), l'une des rares institutions véritablement fédérales de l'Union, joue efficacement son rôle de pourvoyeuse de liquidités au système bancaire, en coordination étroite avec la Réserve fédérale américaine et les autres banques centrales. Au cours du dernier trimestre de 2008, l'Union européenne, sous la houlette française, en accord étroit avec l'Angleterre de Gordon Brown, va jusqu'à montrer la voie à Washington pour résoudre la crise de confiance qui paralyse le système bancaire, définit l'agenda de la réforme du système financier international, et promeut le G20 comme future instance de la gouvernance économique mondiale au plus haut niveau.

Mais les choses commencent à se gâter dès la fin de 2008, avec la propagation de la crise financière à l'« économie réelle » d'un bout à l'autre du globe. La priorité est alors aux plans de relance budgétaire pour stimuler l'économie et lutter contre la récession et le chômage. L'absence d'instruments de gestion de crise au niveau européen, de vraie coordination des politiques économiques nationales, *a fortiori* de budget communautaire susceptible de financer un plan de relance intégré, se fait cruellement sentir. Faute d'entrée en vigueur du traité de Lisbonne, la relève de la France par une présidence tchèque particulièrement désastreuse n'arrange rien.

Le contraste est saisissant avec les États-Unis, qui bénéficient d'un budget fédéral substantiel, d'une politique économique unifiée et d'une identité nationale forte. Face au plan de relance de 787 milliards de dollars (5,7 % du PIB 2009) adopté par l'administration Obama en février 2009, à l'effort chinois de 325 milliards de dollars (16 % du PIB), se juxtaposent en Europe des plans nationaux, dont le total plafonne à 200 milliards d'euros, soit 1,5 % du PIB de l'Union, et qui engendrent, surtout, une renationalisation rampante des politiques économiques et des comportements : si la relance relève du niveau national, n'est-il pas naturel que les deniers des contribuables financent mesures de soutien, entreprises et emplois nationaux plutôt que ceux d'autres Etats membres ? De fil en aiguille, c'est toute la dynamique du Marché unique européen et l'esprit communautaire qui sont battus en brèche. Si protection et solidarité relèvent du niveau national, à quoi sert l'Europe ?

Du moins le tissu même de la construction européenne ne se trouvait-il pas atteint. Tout change avec la crise de la zone euro, qui éclate au début de l'année 2010 du fait de la situation de quasi-faillite des finances publiques grecques. Même si le niveau alarmant des déficits et de l'endettement publics de nombreux Etats membres est partiellement imputable au sauvetage du système bancaire de l'automne 2008 et aux plans de relance imposés par la récession mondiale, cette crise-là est spécifiquement européenne, directement liée à l'inachèvement de l'Union économique et monétaire (UEM).

Depuis sa création, celle-ci marche en effet sur une jambe : une monnaie et une politique monétaire uniques, gérées de manière uniforme par la BCE, sans union politique, politique budgétaire commune, homogénéité entre les situations économiques et financières nationales, coordination ou simple surveillance européenne des politiques économiques et budgétaires, ni instruments de gestion de crise et de solidarité au niveau communautaire. Dès lors, en dépit de l'unité monétaire, et à la différence de la BCE, les marchés ne sauraient faire abstraction de la disparité des situations nationales dans les conditions de financement qu'ils accordent aux Etats de la zone euro. Les pays en situation de plus grande fragilité en termes de finances publiques et de compétitivité économique – Grèce, Espagne, Portugal et Irlande – se trouvent progressivement acculés au défaut de paiement, et la zone euro au dilemme entre éclatement et solidarité forcée.

Comme au paroxysme de la crise financière mondiale de l'automne 2008, le bilan de la réactivité de l'Union à cette seconde crise, qui la concerne directement, est ambigu. D'un côté, la gravité de la menace pesant sur la zone euro a permis à l'Europe, avec l'aide du Fonds monétaire international (FMI), de s'affranchir des contraintes juridiques enserrant l'UEM et de réaliser en quelques mois des avancées spectaculaires et sans précédent : plan de sauvetage des finances publiques grecques, création d'un fonds européen de stabilisation financière de 750 milliards d'euros en prévention d'autres crises similaires, nouvelles modalités d'intervention de la BCE, renforcement du pacte de stabilité et de croissance, coordination européenne des programmes budgétaires nationaux sur une base pluri-annuelle, accroissement des pouvoirs de contrôle d'Eurostat… La coordination intergouvernementale de crise a donc, une nouvelle fois, fonctionné pour sauver l'euro du désastre et consolider l'UEM.

Mais cette médaille a son revers. Le sauvetage de la Grèce et de la zone euro a été précédé d'une longue période d'atermoiements et de divisions qui a inquiété les marchés et renchéri le coût financier et politique de l'opération. Il a donné lieu à de vives tensions franco-allemandes, fondées sur de réelles divergences de philosophie économique, à propos desquelles l'engagement européen de l'Allemagne et la crédibilité politique de la France ont été publiquement mis en doute des deux côtés du Rhin, avec de bons arguments de part et d'autre. Souvent mise en position d'accusée, la chancelière Angela Merkel n'en a pas moins manifesté un courage politique remarquable, dont elle a payé le prix électoral. Par ailleurs, les décisions européennes ont été prises au bord du gouffre. L'Europe est-elle capable d'avancer autrement ? Et les bonnes résolutions survivront-elles à l'apaisement de la crise, ou à sa recrudescence de l'automne 2010 ? Enfin, et surtout, le remède de l'austérité budgétaire se révélera-t-il pire que le mal, provoquant récession, déflation et déstructuration sociale, comme le craignent de nombreux économistes ?

La crise d'avant la crise

De cette double épreuve pour l'Union européenne, celle de la zone euro suivie par la crise mondiale de 2008-2009, on retiendra les enseignements suivants :

– l'une comme l'autre ont confirmé les carences de l'unification et de la gouvernance économiques européennes face aux chocs de la mondialisation : aucun Etat membre, même parmi les plus performants, ne peut résister seul à des crises d'une telle ampleur, mais l'Union n'est pas équipée pour les gérer ;

– une coordination intergouvernementale de crise, pragmatique, a permis d'éviter le pire, avec l'aide indispensable de la BCE et du FMI, mais avec des coûts économiques et politiques substantiels ;

– la tension entre solidarité monétaire, déséquilibres économiques et fragmentation politique au sein de la zone euro n'est plus soutenable ;

– les solutions pérennes passent toutes par des avancées de l'intégration économique, juridique et politique européenne, dont la nécessité n'est désormais plus contestée en matière de supervision financière et de gouvernance de la zone euro.

La réflexion sur les leçons de la crise mondiale pour l'Europe doit toutefois aller beaucoup plus loin. Aussi sérieux soit-il, l'impact de celle-ci n'est pas l'unique, ni même la principale raison de l'incertitude qui affecte aujourd'hui l'avenir du projet européen. Si cet impact demeure si difficile à évaluer, ce n'est pas tant du fait de l'ampleur de la crise elle-même qu'en raison de l'impasse plus générale et profonde dans laquelle se trouve la construction européenne depuis de nombreuses années.

Les carences de la gouvernance économique européenne, confirmées par la crise, ne sont que l'un des nombreux handicaps qui hypothèquent notre positionnement dans le monde du XXIe siècle. Depuis deux décennies, en période de récession comme d'expansion, l'Europe affiche des taux de croissance environ moitié moindres que ceux des Etats-Unis, et elle est aujourd'hui durablement la zone de plus faible croissance économique du monde. L'écart structurel de taux de croissance par rapport aux Etats-Unis renvoie à des déficiences européennes dans plusieurs domaines clés : démographie, productivité, enseignement supérieur, recherche-développement, innovation. Le Vieux Continent est ainsi largement passé à côté de la révolution des technologies de l'information et de la communication des années 1980 et 1990, aux effets d'entraînement si importants. Or ces déterminants essentiels de la croissance des pays industrialisés que sont productivité et capacité à innover sont eux-mêmes le produit d'un ensemble de facteurs d'ordre socio-culturel difficiles à faire évoluer.

Sur ce handicap économique se greffe

une menace plus préoccupante à long
terme : le déclin démographique immi-
nent et le vieillissement de la population
européenne, dont l'âge médian s'élèvera
à 52,7 ans en 2050 contre 37,7 aujour-
d'hui. Les « seniors » de plus de 65 ans
représenteront alors 60 % de la population européenne, avec les conséquences
imaginables en termes de dynamisme
économique, compétitivité, équilibre des
régimes de retraite et attractivité du
territoire européen pour une jeunesse de
plus en plus mondialisée. A cette même
date, la population des Etats-Unis res-
tera stable, à 37 ans d'âge médian, grâce
à l'immigration et au taux de fécondité
des populations immigrées.

On pourrait ajouter à ce sombre
tableau la forte et croissante dépendance énergétique de l'Europe vis-à-vis
de l'extérieur (Russie, Moyen-Orient et
autres régions sensibles) et son absence
de capacité de défense autonome, que

les coupes budgétaires en cours ne feront qu'aggraver.

Sur le plan politique et institutionnel, l'Union européenne se trouve désavantagée face aux vastes ensembles géopolitiques auxquels elle est confrontée, du fait de son morcellement national, culturel, linguistique, et de son absence de véritable identité politique. Contrairement à ce que prétendaient les opposants souverainistes à l'intégration européenne, ce n'est pas le danger d'uniformisation qui menace les Etats-nations du Vieux Continent, mais bien plutôt leur hétérogénéité et la fragmentation qui en résulte en termes identitaires, institutionnels et décisionnels. Le problème s'amplifie à chaque nouvelle adhésion : à vingt-sept, le maintien de l'exigence de l'unanimité pour modifier les traités et la difficulté à décider conduisent à une quasi-paralysie, tandis que l'indétermination de la nature, du point d'aboutissement politique et des frontières géographiques du projet européen continue de faire de l'Europe un objet et un espace politiques difficilement appropriables par ses citoyens.

Au-delà de ses conséquences institutionnelles et décisionnelles, l'élargissement de l'Union a eu pour effet d'accroître considérablement les divergences de points de vue et d'intérêts nationaux, diluant du même coup le sens de l'intérêt commun – ce qu'on appelait l'« esprit communautaire » – supposé transcender ces derniers. Là où l'indécision initiale du point d'aboutissement de l'aventure commencée à six apparaissait comme une habileté tactique, l'absence de projet clair et véritablement commun à vingt-sept est devenue une évidence déstructurante. L'Union européenne ressemble de plus en plus à un sous-ensemble de l'ONU, où chacun, grand ou petit, se contente de défendre ses intérêts propres au sein d'institutions communes.

Plus faibles dans la Communauté européenne des premières décennies, ces tendances centrifuges étaient en outre contrecarrées par la cohésion du noyau des Etats fondateurs, dévoués à la cause de l'intégration européenne, et par le dynamisme propre des institutions communautaires. Or, pour des raisons tenant à la fois à leurs difficultés politiques internes et à l'évolution de la construction européenne elle-même, l'Italie et les trois Etats du Benelux ont depuis longtemps cessé d'être des artisans influents de l'intégration européenne, et n'ont pas de relais parmi les nouveaux adhérents. D'un bout à l'autre du continent, y compris dans l'Europe du Nord traditionnellement associée à la réussite économique et à la cohésion sociale, la démocratie est en crise et l'extrémisme se répand. Quant à l'indispensable moteur franco-allemand, il est plus que jamais grippé. La France et l'Allemagne sont, plus encore que d'autres, gagnées par la tentation du cavalier seul, ce qui ne peut que porter atteinte à la capacité d'entraînement du couple et à sa légitimité européenne. Si le changement est particulièrement sensible aux yeux des Français en ce qui concerne l'Allemagne, c'est que celle-ci – à la différence de la France – a longtemps défendu, avant d'y renoncer, le projet d'une union politique européenne de nature fédérative, complément indispensable à l'union monétaire, et qu'elle est aujourd'hui – par sa taille et sa compétitivité – l'Etat le plus à même de jouer avec succès un jeu national, voire régional dans la mondialisation. Dans ce contexte, les tensions entre Paris et Berlin, générées par la crise de la zone euro, n'ont fait que raviver les vieilles suspicions réciproques et le souvenir des occasions manquées.

Ce n'est pas, enfin, de la Commission qu'il faut attendre un regain de leadership : désormais pléthorique, elle a depuis longtemps cédé les commandes à l'instance politique suprême qu'est devenu le Conseil européen, réunion des vingt-sept chefs d'Etat et de gouvernement, dont la capacité collective à diriger l'Europe dans la durée n'est à ce jour aucunement démontrée. La crise mondiale n'a fait qu'accentuer cette montée en puissance de l'intergouvernementalisme au profit d'un directoire de fait des grands Etats (France, Allemagne, Angleterre).

Et maintenant ?

Au pessimisme que suscitent inévitablement ces données de fond – croissance faible, chômage élevé, population vieillissante et déclinante, dépendance énergétique, fragmentation et impasse politiques, panne de leadership –, on oppose généralement le miracle historique qu'a constitué, en l'espace d'un demi-siècle, l'unification européenne elle-même, ainsi que les atouts et le potentiel dont dispose encore l'Union pour l'avenir.

L'argument a du poids : pacification et démocratisation de la quasi-totalité du continent, prospérité et stabilité fondées sur un marché intégré, Etats-providence longtemps efficaces, monnaie unique stable et de rang international, instauration d'un ordre juridique supranational et d'institutions de nature quasi fédérale, progrès continus de la coopération dans les domaines régaliens (diplomatie, défense, justice et affaires intérieures), sont autant de réalisations majeures qui relevaient hier de l'utopie et semblent, aujourd'hui encore, garantir que tous les espoirs sont permis à l'Europe. Ce sont autant d'acquis pour affronter en bonne position les défis du XXIᵉ siècle, qui s'ajoutent à des systèmes d'éducation solides, des infrastructures de qualité, des champions industriels mondiaux, une sphère financière relativement stable, un modèle social équilibré et protecteur, et une diversité source de richesse et de complémentarité.

Mais la question demeure de savoir si l'importance des réalisations passées et des atouts présents suffisent à assurer au continent européen une influence significative dans le monde multipolaire de demain. Si l'on replace la construction européenne dans une perspective pluriséculaire, les soixante dernières années auront permis aux vieux Etats-nations européens de constituer un ensemble géopolitique imparfait, juste à temps pour affronter l'ère de la mondialisation et le retour des nations-continents. La prouesse politique que nous saluons, à juste titre, est, en d'autres termes, le strict minimum permettant à l'Europe de se mesurer aux Etats-Unis, à la Chine et autres grandes puissances de demain. Et dans cette compétition, les atouts actuels de l'Union ne semblent pas suffisants pour surmonter les handicaps structurels évoqués plus haut. Il faudra donc aller plus loin, et plus vite.

Car le cheminement de plus en plus laborieux et les rendements décroissants de la construction européenne deviennent également problématiques. A supposer même que celle-ci progresse linéairement dans la « bonne direction », ce qui, comme on le verra, est loin d'avoir été le cas au cours des vingt dernières années, elle le fait à un rythme incomparablement plus lent que celui du changement du monde qui l'entoure, et de la redistribution de la puissance qui en résulte. Se rassurer en invoquant le « temps long » et la « dimension historique » du projet européen est donc devenu illusoire, dans un monde qui évolue à grande vitesse et où les principaux acteurs peuvent, de par leur organisation politique, décider et se transformer très vite. Face au despotisme modernisateur de Pékin, même les vertueux « *checks and balances* » du système politique américain n'échappent pas à la critique en termes d'efficacité. Que dire alors du fastidieux processus de décision européen ?

Dans ces conditions, la plupart des observateurs s'accordent à reconnaître que, comme en matière de gouvernance économique et de gestion de crise, la solution aux handicaps européens dans la mondialisation passe par de nouvelles avancées sur la voie de l'intégration. Mais cette prescription rationnelle et consensuelle se heurte immédiatement au principe de réalité que constituent la montée de l'euroscepticisme au sein des populations et le refus des gouvernements d'aller plus loin dans le transfert de souveraineté au niveau communautaire.

Ce n'est que sous le choc d'une crise de l'ampleur de celle que nous connaissons depuis 2008, et d'une menace quasi existentielle, que ces obstacles ont pu être – temporairement et partiellement – écartés. Encore la crise a-t-elle eu à cet égard des effets ambigus, entraînant un retour de l'« Etat protecteur », c'est-à-dire de la légitimité nationale, et semblant valider l'efficacité de la méthode intergouvernementale chère aux grands Etats pour gérer et faire avancer l'Europe. Les leçons de la crise en matière de gouvernance européenne sont cependant contrastées : la coordination intergouvernementale de crise a, certes, pu fonctionner sous la pression, et de manière imparfaite, grâce aux capacités de leadership du président français, de la chancelière allemande et de quelques autres ; mais elle ne saurait en aucun cas constituer une méthode idéale de gestion de crise, *a fortiori* un modèle pérenne de gouvernance européenne.

Si l'on juge le moment actuel décisif pour le positionnement de l'Europe dans le monde de demain, le débat sur le mode de gouvernance nécessaire à l'Union et la nature des obstacles politiques qui se dressent sur cette voie ne peut plus être éludé. Avant d'envisager les solutions pour sortir l'Europe de l'ornière, commençons donc par comprendre comment nous y sommes tombés. Un retour sur les deux dernières décennies – du débat sur le traité de Maastricht à la crise de la zone euro – montre clairement les limites d'une

Europe des Etats, et leur responsabilité dans la crise actuelle du projet européen et la désaffection citoyenne à son endroit.

2

1992-2010 :
le fiasco de l'Europe des Etats

Selon une opinion largement répandue, et rarement contestée, la désaffection croissante des citoyens du Vieux Continent à l'égard du projet européen résulterait d'une hostilité de principe à la poursuite de l'intégration européenne, par attachement aux cadres nationaux traditionnels et défiance à l'égard de la technocratie bruxelloise. Les dirigeants des Etats membres ne feraient que tenir compte de cette réalité politique incontournable dans la conduite de leur politique européenne.

Et si la vérité était autre ? Si c'était

plutôt l'accumulation d'erreurs et incon-séquences de la part des dirigeants nationaux – aux commandes directes de l'Union depuis le traité de Maastricht – qui avait peu à peu détourné les peuples d'une Europe de plus en plus impuissante, progressivement privée de sens ?

Le tournant de Maastricht

Plus que le feu vert de Paris à l'entrée de la Grande-Bretagne dans le Marché commun en 1973 – rituellement dénoncée par les fédéralistes comme celle du loup dans la bergerie –, ce sont les consé-quences d'une autre décision française quelque vingt ans plus tard qui auront le plus profondément influencé le cours récent de la construction européenne :

celle prise par François Mitterrand, au printemps 1992, de soumettre le traité sur l'Union européenne à un référendum national en septembre de la même année. Si l'on excepte la consultation ponctuelle sur l'adhésion britannique à la CEE, c'était en France une première : jamais traité européen n'avait été soumis au vote populaire, conformément à l'esprit et à la pratique du référendum dans la Constitution de la Ve République.

A première vue, cette initiative ne pouvait susciter que louanges. Après six années d'accélération de l'intégration économique et juridique européenne dans le cadre du Marché unique et du « programme 1992 » de la Commission Delors, la dénonciation de la manière technocratique de faire l'Europe et de son « déficit démocratique » se faisait de plus en plus insistante. De plus, le traité de Maastricht devait donner naissance à une union économique et monétaire et engager la CEE sur la voie d'une union politique : n'était-ce pas l'occasion d'offrir à l'Europe son baptême démocratique ?

Selon le témoignage de ses collaborateurs de l'époque, c'est en réaction quasi immédiate au « non » danois au traité[1] que François Mitterrand décide, de manière inattendue et sans consultation, de soumettre celui-ci au vote du peuple français. On imagine sans peine le calcul du Président : un mouvement populaire d'adhésion au traité dans la patrie de Monnet et de Schuman effacerait l'incident danois, ferait pénétrer la démocratie dans le jeu européen, et rendrait accessoirement hommage à l'œuvre européenne de son initiateur, couronnant sa carrière politique au soir de sa vie.

---

1. La Constitution danoise exige la tenue d'un référendum national pour l'approbation des traités européens.

Mais il en ira tout autrement. La décision improvisée de soumettre au référendum un document aussi complexe, et un sujet aussi sensible, prend la classe politique et l'administration de court, offrant à une coalition hétéroclite d'opposants au traité, à l'Europe, à l'économie de marché, au Président et au parti socialiste au pouvoir, une plate-forme rêvée pour revenir sur les avancées européennes des années, voire des décennies, précédentes, passées largement inaperçues. Un « grand débat national », comme la France les affectionne, s'organise dans la précipitation, où l'on découvre qu'il est beaucoup moins aisé d'expliquer et défendre le Marché unique ou le projet d'union économique et monétaire que d'attaquer, à coups de contre-vérités, dans l'ignorance alors profonde des citoyens, des médias et des hommes politiques eux-mêmes, les « eurocrates de Bruxelles », l'« Europe des juges et des marchands » ou le « broyage des identités nationales », incarnées par le camembert au lait cru ou la chasse à la palombe. L'Europe fait ainsi irruption dans le débat politique national sans la moindre préparation, divisant les grands partis et structurant un vaste front souverainiste, de Philippe Séguin à Jean-Pierre Chevènement, en passant par Jean-Marie Le Pen et autres Philippe de Villiers. Le résultat est connu : en France, une courte victoire du « oui » (51 %) et la révélation du fossé séparant la population des élites du pays, alors majoritairement proeuropéennes ; dans toute l'Europe, une onde de choc traumatisante face à l'euroscepticisme insoupçonné et fortement contagieux de la principale inspiratrice politique et intellectuelle de la construction européenne jusqu'alors : la France.

On se félicita officiellement de ce

salutaire exercice de démocratie et de pédagogie européenne, récompensé par l'investiture populaire de la monnaie unique. Mais les conclusions politiques en furent très vite tirées, à Paris comme ailleurs en Europe : l'intégration a été trop rapide aux yeux des populations et doit marquer une pause ; les Etats doivent reprendre le contrôle de la construction européenne et mettre au pas les institutions communautaires – Commission et Cour de justice – ; l'Europe est un sujet qui divise les familles politiques, il convient d'en parler le moins possible dans le cadre national, et uniquement pour mettre en valeur les bénéfices *nationaux* de l'action européenne. Ces « leçons » – de mauvaises conclusions en réalité, tirées d'une erreur d'appréciation initiale – imprègnent profondément depuis lors la politique européenne de la plupart des Etats membres.

Le référendum français de 1992 sur le

traité de Maastricht est donc à l'origine d'un double tournant négatif dans l'aventure européenne : la soumission d'une construction technico-diplomatique de plus en plus complexe aux aléas nationaux de la démocratie d'opinion, elle-même prétexte à une reprise en main par des Etats toujours plus nombreux, et fragilisés par leurs difficultés intérieures. Cette double évolution, qui rompt l'équilibre des premières décennies entre « méthode communautaire » et « méthode intergouvernementale », subordonnant la première à une direction intergouvernementale sous contrainte de l'opinion, ne pouvait que fortement affecter le dynamisme et la cohérence du projet européen dans toutes ses dimensions.

Approfondissement/élargissement : de la fuite en avant à la paralysie

La « pause dans l'intégration » – le mot devient vite tabou au profit de ceux de « coopération » et « coordination » – décrétée après le référendum français se traduit d'abord par la mise sous tutelle de la Commission européenne, principale cible des attaques des opposants au traité et des hommes politiques nationaux. Les successeurs de Jacques Delors, incarnation d'un certain leadership européen au service de l'intérêt commun, sont désormais choisis pour leur capacité à être d'« honnêtes courtiers » des intérêts des grands Etats et de bons exécutants des décisions du Conseil européen. La mise en œuvre du volet politique du traité de Maastricht (justice et affaires intérieures, politique étrangère et de sécurité commune), de nature essentiellement intergouvernementale, favorise par ailleurs la montée en puissance collective des chefs d'Etat et de gouvernement dans la conduite des affaires européennes.

Dans le même temps, la libération de l'Europe centrale et orientale du joug soviétique fait – opportunément pour les adversaires de l'intégration – basculer l'agenda européen de l'approfondissement vers l'élargissement. Parallèlement aux négociations d'adhésion menées par la Commission avec les dix Etats candidats, le grand enjeu de l'élargissement vers l'Est concerne la réforme des institutions et processus de décision hérités de l'Europe des Six, indispensable pour préserver l'efficacité d'une Union de vingt-cinq à trente membres. Prélude à la grande extension vers l'Est, l'adhésion de l'Autriche, la Suède et la Finlande en 1995 a lieu sans réforme institutionnelle préalable, au motif que le passage de douze à quinze Etats membres ne change pas fondamentalement la donne. Mais il s'agit désormais de trouver un accord à quinze (et ultérieurement à vingt-cinq) sur des sujets éminemment sensibles : réduction du nombre des commissaires européens en vue d'assurer la cohésion du collège, nouvelle pondération des voix des Etats membres au Conseil, corollaire indispensable d'une extension du vote à la majorité qualifiée, destinée à faciliter le processus de décision. La réforme de la composition et des pouvoirs du Parlement européen et la question d'une présidence stable du Conseil européen sont également à l'ordre du jour.

Ce chantier institutionnel concentrera les énergies des dirigeants européens pendant une quinzaine d'années, de la conférence intergouvernementale de 1996 à l'entrée en vigueur du traité de Lisbonne en décembre 2009, en passant par le semi-échec du traité d'Amsterdam de 1997, le calamiteux traité de Nice de

2001 et la saga du « traité constitutionnel » de 2004. Le résultat final sera une
réforme institutionnelle *a minima* et le
sentiment général qu'il n'y aura plus de
nouveau traité européen avant longtemps...

Entre-temps, le 1er mai 2004, l'Union
européenne a procédé au plus vaste élargissement de son histoire en accueillant
d'un seul tenant dix nouveaux Etats
membres de l'ex-bloc communiste. Aussi
légitime et souhaitable soit-elle dans
son principe, cette extension, à l'impact
plus important sur la nature et le devenir du projet européen que la plupart
des traités, n'a fait l'objet d'aucun débat
ni pédagogie envers les opinions publiques. Nouveau grand projet de la Commission à compter du milieu des années
1990, et échappatoire des gouvernements
face à la supposée disgrâce de l'approfondissement, l'élargissement vers l'Est
a rapidement ouvert, en France comme

dans d'autres Etats fondateurs, un second front dans l'hostilité à l'Europe, nourri par la peur de la concurrence économique, du « dumping social », de l'immigration, du libéralisme, de l'atlantisme de la « nouvelle Europe », et amplifié par la perspective de l'adhésion turque. La directive « Services » et, dans une certaine mesure, le projet de traité constitutionnel de 2004 en ont fait les frais, victimes du « plombier polonais » et du Grand Turc, tandis que l'élargissement devient à son tour un sujet tabou.

Au seuil de la décennie 2010, l'Union européenne se retrouve ainsi paralysée : élargie à près de trente Etats, sans renforcement politique et institutionnel à la mesure de cette dilution ; bloquée dans sa double dynamique historique d'approfondissement et d'élargissement par l'hostilité réelle ou supposée des populations à l'une ou l'autre, voire aux deux ; incapable, enfin, de trouver un accord à vingt-sept pour se réformer. Certains y voient le point d'aboutissement raisonnable d'un processus historique – la « fin de l'Europe », comme on parlait de la fin de l'Histoire ; d'autres, une pause nécessaire, et durable, dans ce processus. Mais les uns comme les autres semblent oublier que la construction européenne ne peut se permettre une longue immobilité dans un monde en recomposition rapide sans se marginaliser, voire se défaire. La crise de la zone euro en témoigne on ne peut plus clairement.

L'économie du chacun pour soi

En Europe comme ailleurs, l'adhésion populaire se gagne d'abord sur le terrain de la prospérité économique et de l'emploi. C'est d'autant plus vrai que le projet européen est d'abord de nature économique : c'est son socle, incarné par la CEE et le Marché unique, son « cœur de métier », reconnu par les Etats les plus eurosceptiques, et son plus grand succès. Certes, la tension entre mesures de libéralisation et politiques communes d'organisation du marché européen a été dès l'origine source de divisions entre Etats libéraux et interventionnistes, mais leur complémentarité était constitutive de la dynamique européenne, comme celle qui existait entre méthodes communautaire et intergouvernementale. Au tournant de la décennie 1990, deux développements bousculent le statu quo : le lancement d'une union économique et monétaire incomplète et déséquilibrée, et le ralentissement historique de la croissance de la productivité européenne, dont la courbe s'inverse par rapport aux Etats-Unis à partir de 1995.

L'UEM a été fondée sur un compromis politique en forme de contradiction économique : les monnaies nationales disparaissent, la politique monétaire est fédéralisée, la BCE refinance la dette souveraine de l'Allemagne et de la Grèce aux mêmes conditions, mais les Etats conservent l'entière maîtrise de leurs politiques budgétaires et stratégies économiques, et le sauvetage financier d'un Etat en difficulté est juridiquement exclu. Le pacte de stabilité et de croissance se contente d'assurer – sans réelle sanction – que les plafonds de déficit budgétaire et d'endettement public fixés par le traité de Maastricht pour l'entrée dans l'UEM continueront à être respectés, et, accessoirement, que la croissance ne sera pas sacrifiée à la stabilité monétaire, unique mission statutaire de la Banque centrale européenne selon le modèle allemand, allergique à l'inflation. Bien que le traité de Maastricht prévoie la nécessité d'une coordination des politiques économiques nationales au sein de la zone euro, celle-ci reste largement lettre morte. Méfiante à l'égard des velléités françaises de « gouvernement économique de l'Europe », susceptibles d'attenter à l'indépendance de la BCE et d'entraîner la zone euro sur la voie du laxisme budgétaire, l'Allemagne s'oppose notamment à toute évolution en ce sens. En l'absence de mécanismes de surveillance effectifs, il en résulte une autonomie totale et une hétérogénéité croissante des situations et politiques économiques des Etats membres, génératrices de déséquilibres macroéconomiques entre eux, qui finissent par vider de sa substance la convergence prévue par le traité et le pacte de stabilité lui-même. Dans ces conditions, la crise mondiale et son incidence sur les finances publiques européennes ne pouvaient que déchirer le voile artificiel constitué par la monnaie unique et mettre brutalement à nu la réalité des écarts de compétitivité et des déséquilibres macro-économiques au sein de la zone euro.

*

Compétitivité ! Impératif resté largement étranger au vocabulaire de l'Union économique et monétaire, alors même que la crise actuelle de la zone euro résulte fondamentalement d'un déficit de compétitivité de ses membres les plus fragiles, source de leurs difficultés financières, et non l'inverse. Mais ce déficit de compétitivité concerne en vérité l'Europe dans son ensemble. A mi-parcours de la décennie 1990, le rattrapage européen à l'égard des Etats-Unis en matière de productivité, à l'œuvre depuis l'après-guerre, s'interrompt. Quelques années plus tard, au terme de dix années qui ont vu les Etats-Unis afficher une croissance et un taux d'emploi exceptionnels, grâce notamment à la révolution des technologies de l'information et de la communication, le décrochage européen est patent : croissance deux fois plus faible, chômage structurellement plus élevé, déficit de productivité et d'innovation.

Les avancées du Marché unique réalisées au cours des années 1980 et 1990 rencontrent leurs limites économiques et politiques : au-delà du blocage persistant sur la fiscalité et le social, des résistances sur l'énergie et les services, les obstacles à lever se situent désormais au niveau des déterminants structurels de la compétitivité – marchés du travail, systèmes d'enseignement supérieur, investissement dans la recherche, pénétration des technologies de l'information –, c'est-à-dire au niveau national. En mars 2000, en plein boom Internet, l'Union européenne décide donc de s'attaquer au fossé qui se creuse entre elle et les Etats-Unis et lance en grande pompe la « stratégie de Lisbonne », destinée à faire de l'Europe l'« économie de la connaissance la plus dynamique et la plus compétitive du monde » à l'horizon 2010. En dépit du caractère peu crédible de l'objectif, l'inspiration est bonne : il s'agit d'accompagner les politiques de libéralisation et d'ouverture du Marché unique par un ensemble de réformes structurelles à mener au niveau national, pour dynamiser les facteurs de la compétitivité européenne, rattraper le retard par rapport aux Etats-Unis et assurer un leadership européen dans l'économie de la connaissance face à la concurrence irrésistible des pays émergents dans les secteurs traditionnels. Le champ d'action de la nouvelle stratégie est vaste : au-delà des réformes macro et microéconomiques destinées à accroître la compétitivité européenne, l'ambition est de promouvoir une économie modèle, performante, mais aussi socialement avancée et à faible intensité carbonique. Les domaines concernés relevant principalement de la compétence nationale au regard des traités – et nul ne songeant à amender ceux-ci pour faciliter l'exécution de la nouvelle stratégie –, l'« agenda de Lisbonne » doit être mis en œuvre par la coordination d'un ensemble de réformes structurelles à entreprendre par les Etats membres eux-mêmes, selon des objectifs définis en commun. Assise sur un appareil technocratique de « lignes directrices » et d'objectifs que les Etats membres doivent poursuivre sous sa houlette, la « méthode ouverte de coordination » devient le nouveau catéchisme de la Commission européenne.

Au point mort jusqu'en 2004 faute de procédures de mise en œuvre, Lisbonne est relancé en 2005 sous la forme plus modeste d'une « stratégie pour la croissance et l'emploi », dont la Commission Barroso, nouvellement installée, fera pendant quatre ans son principal cheval de bataille. Désormais, l'articulation entre objectifs communs et réformes nationales est assurée par des « programmes nationaux de réforme » et une imposante machinerie administrative occupant de nombreux fonctionnaires européens et nationaux, dans l'ignorance totale du public. A l'été 2008, avant que la crise mondiale ne bouleverse toutes les données de l'économie européenne, le bilan de la stratégie de Lisbonne demeurait toutefois des plus mitigés. Tandis que les pays d'Europe du nord – Scandinavie, Pays-Bas, Royaume-Uni, Autriche – produisaient d'excellents résultats au regard des objectifs fixés, grâce à la vigueur des réformes entreprises, les trois grandes économies de la zone euro (Allemagne, France, Italie) et les autres pays de l'Europe du Sud affichaient des performances bien plus médiocres, plombant le résultat d'ensemble. A ce clivage Nord-Sud s'ajoutait surtout l'échec de la stratégie de Lisbonne dans son « cœur de métier » : l'économie de la connaissance. Loin d'atteindre l'objectif phare de 3 % du PIB, l'investissement européen dans la recherche a stagné, voire régressé, depuis 2000, et le fossé transatlantique en matière d'innovation n'a pas été comblé, alors même que la Chine, la Corée du Sud et l'Inde sont entrées par la grande porte dans l'économie de la connaissance et s'annoncent comme de redoutables nouvelles puissances scientifiques et technologiques. Quant à la productivité du travail, elle a souffert de l'accroissement du taux d'emploi, principal succès du processus de Lisbonne, si tant est que cet accroissement passager ne soit principalement dû à l'embellie macroéconomique de 2006-2007.

A la racine de ce semi-échec, on retrouve sans surprise la tendance récurrente des dirigeants européens à refuser à l'Europe les moyens des ambitions qu'ils lui assignent. La « méthode ouverte de coordination », dépourvue de la moindre contrainte juridique, politique ou même médiatique, s'en remettait à la bonne volonté des Etats pour entreprendre ou non les réformes structurelles nécessaires, au rythme et selon les modalités de leur convenance. Faute d'appropriation politique explicite de la stratégie de Lisbonne par les gouvernements, celle-ci est demeurée un exercice bureaucratique et confidentiel entre la Commission et les administrations nationales, là où une mobilisation des acteurs politiques, économiques, sociaux au service d'une stratégie européenne commune était indispensable pour favoriser les réformes nécessaires.

En dernière analyse, l'apport historique

du processus de Lisbonne est d'avoir donné à des champs de compétence nationaux une dimension européenne, et forgé un consensus sur les objectifs et moyens d'une stratégie de compétitivité commune. Mais cet apport relativement limité a été payé au prix fort de la dilution progressive des dynamiques communautaires, notamment celles du Marché unique, au sein d'une « stratégie » de coordination molle, devenue l'alpha et l'oméga de l'action d'une Commission réduite à un rôle de chef d'orchestre insignifiant face à un collectif d'Etats largement récalcitrants. Enfin, présentée comme la « réponse européenne à la mondialisation », la stratégie de Lisbonne n'a visé qu'à adapter les économies et sociétés européennes à cette dernière, sans chercher le moins du monde à en influencer le cours et les règles. Ce second objectif, complémentaire du premier, aurait exigé un ensemble de politiques extérieures de nature communautaire, dont toutes les puissances économiques partenaires de l'Europe se sont dotées depuis longtemps : diplomatie énergétique et environnementale, politique de change, réglementation commune des investissements extra-communautaires sensibles, stratégie technologique et normative internationale. Mais l'Union a toujours eu du mal à s'affirmer en tant que puissance, fût-ce dans le domaine économique. La nouvelle stratégie « Europe 2020 », arrêtée par le Conseil européen en juin 2010 pour succéder à celle de Lisbonne, lui ressemble à s'y méprendre, preuve que les leçons de l'échec de celle-ci n'ont toujours pas été tirées.

Rêve européen/réalités mondiales

L'Union européenne est souvent accusée par ses partenaires, à juste titre, de consacrer l'essentiel de son énergie à résoudre ses problèmes internes. Elle n'en a pas moins développé, au cours des vingt dernières années, une vision du monde et de sa mission particulière ayant la force d'une idéologie constitutive de son identité. Selon celle-ci, l'unification européenne, entreprise pacifique entre nations qui s'étaient combattues durant des siècles, fondée sur le droit, l'égalité des souverainetés, la coopération et la solidarité, doit servir de modèle au futur ordre international. L'Union défend donc un monde multipolaire, régi par le droit et le multilatéralisme, une « gouvernance mondiale » dont elle serait l'avant-garde la plus aboutie et le laboratoire permanent. Elle sert de référence aux efforts d'intégration régionale en Amérique latine et en Asie, défend la prééminence de l'ONU comme seule organisation légitime au niveau planétaire, a fait sa spécialité des missions humanitaires et de maintien de la paix, et a fortement contribué à la promotion du G20 comme forum de gouvernance économique mondiale. Sur nombre de grands sujets – changement climatique, ouverture des marchés, normes sociales – elle s'efforce d'adopter des mesures exemplaires et de convaincre ses partenaires de l'imiter, avec des résultats mitigés. Au-delà des valeurs humanistes sous-jacentes à cette vision du monde, l'idéologie européenne reflète naturellement les préférences collectives d'une Union qui a exclu le recours à la force en son sein comme dans ses relations extérieures, réduit régulièrement ses dépenses militaires, et se définit volontiers comme « puissance civile » à l'égard du reste du monde.

Il y avait déjà un certain irénisme à prétendre transposer à l'ensemble des relations internationales les spécificités politiques, culturelles et géopolitiques – guerre froide et parapluie nucléaire américain – ayant présidé à la construction de l'Europe. Mais la vision européenne du monde est également datée : elle a pu se développer à la faveur d'un moment historique particulier, amorcé avec la détente Est-Ouest et prolongé par la chute de l'Union soviétique et la libération de l'Europe centrale et orientale. L'Union européenne naît dans ce moment exceptionnel marqué par le recul des préoccupations stratégiques dans les relations internationales au profit du règne du droit et de l'économie de marché, le rêve de la « fin de l'Histoire », la promesse des « dividendes de la paix » et l'espoir d'un « nouvel ordre international », c'est-à-dire dans le confort du moment unipolaire américain, par ailleurs tant décrié.

Or ce moment astratégique de la décennie 1990 ne sera qu'une parenthèse, largement illusoire de surcroît, au cours de laquelle se préparaient déjà à l'est du monde les prémices du brutal renversement de paradigme géopolitique inauguré par les attentats du 11 septembre 2001, et structuré plus profondément encore par le retour historique de la Chine, l'Inde et autres puissances émergentes non-occidentales sur le devant de l'Histoire. Basculement du centre de gravité économique et géopolitique du monde vers l'Asie, fin du duopole atlantique, conflit islamo-occidental, compétition pour l'énergie et les ressources naturelles, réveil des nationalismes dans le monde émergent et ailleurs : c'est en réalité un retour à la géopolitique de la fin du XIXe siècle plutôt que l'avènement du multilatéralisme postmoderne rêvé par les Européens que semble nous promettre le monde multipolaire en gestation.

L'Europe a mis un certain temps à reconnaître la réalité de ce changement, qui la met en porte-à-faux face à l'évolution du monde, sorte d'exception naïve et menacée d'insignifiance dans un univers d'empires et de nations-continents, plutôt qu'avant-garde espérée d'un nouveau modèle de relations internationales. Au mieux, le monde du XXIe siècle sera la résultante des forces contradictoires du multilatéralisme et de la géopolitique traditionnelle, mais, nul ne sachant à l'avance laquelle de ces deux forces dominera, un prétendant sérieux au statut d'acteur de ce monde multipolaire ne saurait s'abstenir de jouer sur les deux tableaux. L'Union européenne n'en a pourtant aucunement tiré les conséquences, en termes d'effort de défense, ou même de révision de sa « doctrine stratégique ».

Le camp souverainiste voit dans le retour des rapports de force et des

nationalismes sur la scène internationale la confirmation de ses thèses et la
condamnation pure et simple du projet
européen au profit des Etats-nations.
Proche est également la tentation des
grands Etats, qui n'ont jamais entendu
se départir de leur autonomie diplomatique et militaire. C'est cependant oublier
qu'aucun Etat de l'Union, pas même
l'Allemagne, la France ou le Royaume-
Uni, ne pèse suffisamment dans la nouvelle géopolitique de la mondialisation.
La leçon de celle-ci est tout autre : seule
la dimension européenne est pertinente, et
c'est donc à l'Union elle-même de se doter
d'une vision stratégique et des moyens
d'action correspondants. Il s'agit concrè-
tement pour l'Europe de ne plus se penser seulement comme « modèle », mais
aussi comme puissance, de compléter
son discours sur les « valeurs » et l'exem-
plarité par l'identification et la défense de
ses intérêts, et de se doter d'instruments

politiques, juridiques, diplomatiques et militaires comparables à ceux des autres pôles du Nouveau Monde. La prise de distance des Etats-Unis, accaparés par d'autres fronts, et les apports du traité de Lisbonne en matière de politique extérieure devraient favoriser cette évolution.

*

Tel est donc le triste bilan de vingt années d'une « Europe des Etats ». En livrant sans préparation la construction européenne aux aléas de la démocratie d'opinion dans un cadre purement national, tout en précipitant une vaste dilution de l'Union sans approfondissement préalable, les chefs d'Etat et de gouvernement ont peu à peu privé l'Europe de dynamisme, d'efficacité et de sens, suscitant l'euroscepticisme croissant des citoyens. Qui plus est, ce désenchantement populaire auquel ils ont largement contribué est désormais prétexte pour eux à refuser tout nouveau transfert de souveraineté au niveau européen.

En réalité, l'expérience des vingt dernières années marque l'échec patent d'un long pilotage intergouvernemental de la construction européenne, aggravé par l'affaiblissement des leaderships nationaux et l'augmentation du nombre de protagonistes. C'est son legs – une Europe molle et sans projet clair –, et nullement le refus d'une Europe forte et plus intégrée, qui est depuis longtemps déjà la cause principale de l'euroscepticisme. A la différence de la période postérieure à la relance du Marché unique, où ils s'inquiétaient de l'influence de Bruxelles sur leur vie quotidienne, les citoyens européens souhaitent aujourd'hui une Europe dynamique et influente dans une mondialisation qui les marginalise, bien au-delà des capacités actuelles de l'Union européenne. Les seuls à s'y opposer sont, encore et toujours, les Etats eux-mêmes.

3

Fédéralisme et mondialisation

La première grande crise de la mondialisation a révélé la fragilité de la construction européenne en son état actuel, et réactualisé le débat sur son organisation politique et institutionnelle. L'alerte sur la zone euro a ainsi posé clairement la question de la gouvernance de l'Union économique et monétaire et, sous la menace d'une implosion et la pression internationale, engendré un consensus européen sur les remèdes à y apporter dans le sens d'une plus grande cohésion et d'une plus forte solidarité permanente entre ses membres. Par contraste, le choc financier et économique mondial de 2008-2009 n'a pas suscité de consensus similaire en Europe, au-delà d'une coordination de crise et des avancées de la supervision financière, sans doute parce que les solutions impliqueraient des réformes extrêmement profondes au sein de l'Union dans son ensemble. Quant à la crise sous-jacente du projet européen, sa définition même est matière à débat, *a fortiori* les solutions à y apporter.

Pourtant, ces trois crises révèlent un seul et même mal : l'incapacité de l'Union, dans son état d'inachèvement, voire d'incohérence actuel, à affronter les défis de la mondialisation. Ce fut une évidence lors de la crise grecque, et dans une moindre mesure lors de la panique financière mondiale de 2008. Mais, pour être moins pressant, le défi est identique en ce qui concerne le modèle économique et social européen et le projet politique qui l'a porté depuis

soixante ans. Et si le mal est commun,
les remèdes sont nécessairement similaires.

Quelle gouvernance européenne pour la mondialisation ?

La crise a produit des effets ambigus
sur le débat relatif à la gouvernance
européenne, favorisant tout à la fois un
repli national, des avancées et succès en
matière de coordination intergouvernementale, et un timide retour en grâce de
l'intégration.

Si personne ne croit plus, à l'échelle des
Etats européens, aux solutions purement
nationales pour affronter la mondialisation, la coordination intergouvernementale, réhabilitée par la crise dans le

cadre européen et inaugurée à l'échelle planétaire avec le G20, semble s'imposer comme le complément nécessaire à un ensemble de stratégies nationales, l'instrument de gouvernance moderne par excellence à l'ère de la mondialisation. Cette vision convient parfaitement à la posture souverainiste des grands Etats, en leur permettant de concilier stratégies nationales et dimension européenne. Toutefois c'est une dangereuse illusion : la coordination intergouvernementale de crise n'a constitué qu'un remède d'urgence et de fortune, tandis que l'Europe vient d'expérimenter deux décennies d'intergouvernementalisme qui l'ont plongée dans une crise profonde. Et c'est se méprendre tant sur la nature du projet européen que sur la dynamique de la mondialisation que de voir dans le G20 un modèle de gouvernance pertinent pour l'Europe élargie. L'Union européenne n'a jamais eu vocation à n'être qu'un forum de coordination régionale, et les boulever-sements géopolitiques issus de la mon-dialisation lui commandent de devenir beaucoup plus que l'organisation politi-que hybride qu'elle est aujourd'hui.

Les quatre premières décennies de la construction européenne se caractéri-saient par la conjonction d'un ordre mondial stable, du fait de la guerre froide et de la domination occidentale sur le monde, et d'avancées très rapides de l'intégration économique, juridique et politique communautaire. A partir des années 1990, et plus encore de la décen-nie 2000, cette dynamique favorable à l'Europe s'inverse : le projet européen se dilue et s'enlise, tandis que la géopo-litique mondiale connaît des mutations d'ordre historique qui le marginalisent. Après soixante années de construction interne aux rendements progressivement décroissants, l'Europe doit désormais se tourner vers le monde et défendre sa place dans la nouvelle géopolitique de la mondialisation.

Il s'agit là d'une véritable révolution copernicienne à laquelle l'Union européenne est mal préparée, tant sur le plan institutionnel et décisionnel qu'en termes doctrinaux. Se penser comme un tout et une puissance dotée d'intérêts stratégiques dans la mondialisation, capable de décisions de nature exécutive dans la sphère internationale : tel est le défi nouveau, en même temps si fidèle à la visée initiale de ses fondateurs, lancé au projet européen.

C'est dans cette perspective extérieure nouvelle du rapport à la mondialisation que doit être reposée, de manière pragmatique, la question du fédéralisme européen, loin des querelles idéologiques entre fédéralistes et souverainistes sur la répartition des pouvoirs entre Bruxelles et les Etats, ou d'une quelconque nostalgie d'un rêve fédéraliste conçu pour une Europe révolue. Le débat renouvelé à ouvrir sur le fédéralisme européen n'est pas tourné vers le passé et l'intérieur de l'Union, mais vers l'avenir et le monde globalisé du XXIe siècle.

*Le test décisif
de l'influence mondiale*

Dans quels domaines l'Union européenne est-elle aujourd'hui un véritable acteur de la mondialisation ? Ils se limitent à trois : la régulation de la concurrence et du Marché unique, la politique monétaire, la politique commerciale internationale. L'influence globale de l'Europe en matière de régulation économique résulte de la force de frappe d'un marché intérieur de plus de 500 millions d'habitants et d'un droit communautaire intégré qui s'y applique aux entreprises du monde entier. La politique de la concurrence, permettant à l'Union de réglementer, voire d'interdire, une fusion entre deux entreprises étrangères ayant des effets anticoncurrentiels sur le marché européen, ou de modifier la politique commerciale mondiale de Microsoft ou Intel, illustre on ne peut mieux ce pouvoir de régulation de portée internationale. Dans la sphère monétaire, c'est naturellement à l'euro, à la Banque centrale européenne et à l'existence d'une politique unique pour la zone euro que l'Europe doit son statut d'acteur mondial, confirmé, pour le meilleur et le pire, par la crise de 2008-2010. Enfin, première puissance commerciale de la planète, l'Union européenne est l'un des grands protagonistes des négociations commerciales multilatérales, à égalité avec les Etats-Unis et les grands pays émergents.

La caractéristique commune à ces trois seuls grands domaines d'influence européenne au niveau international – et la source même de cette influence – est leur fédéralisation, c'est-à-dire l'existence d'une compétence exclusive de l'Union (ou de l'UEM pour la politique monétaire), de politiques communes et d'une institution unique chargée de les mettre en œuvre (la Commission européenne ou la BCE). Les Etats membres ont consenti dans ces trois domaines à de véritables transferts de souveraineté, permettant à l'Europe de parler d'une seule voix et de décider dans l'intérêt commun, comme une grande puissance économique.

A contrario, dans tous les autres domaines où l'Union ne dispose que d'une compétence partagée avec les Etats, voire d'un simple rôle d'appui, l'Europe ne fait pas le poids et brille par son absence ou ses divisions. Telle fut l'amère leçon de la conférence de Copenhague sur le climat, où l'Union bénéficiait pourtant d'une compétence partagée avec les Etats, d'un leadership et d'une politique commune. La démonstration du « coût de la non-Europe » est encore plus accablante dans les secteurs vitaux pour l'avenir des Européens que sont l'énergie – où les Etats et leurs entreprises nationales se concurrencent auprès de leurs fournisseurs, russes ou moyen-orientaux, en position domi-nante –, la compétitivité – où chacun agit à sa guise –, la défense – où la dis-persion nationale induit gaspillage et inefficacité –, l'immigration et les ques-tions judiciaires et policières, sur les-quelles les Etats gardent la haute main, ou encore la fiscalité, lacune essentielle du Marché unique.

Dans les organisations et autres encein-tes internationales, l'Europe est à la fois surreprésentée géographiquement au niveau national, et sous-représentée, voire totalement absente, en tant qu'Union. Cette surreprésentation dispersée du continent européen – un tiers des voix et des sièges au conseil d'administration du FMI jusqu'à tout récemment – entrave la nécessaire redistribution du pouvoir au profit des pays émergents au sein des organisations internationales, sans pour autant servir la voix de l'Europe dans le monde. Bien au contraire, le refus de consolider la représentation extérieure de l'Union affaiblit le credo multilatéraliste européen et isole l'Europe face aux intérêts convergents des Etats-Unis et des grands émergents, comme en a témoigné le débat autour de la récente réforme de la gouvernance du FMI.

La conclusion s'impose : l'influence de l'Europe dans la mondialisation est directement liée à sa capacité à parler d'une seule voix, c'est-à-dire au degré d'exclusivité de la compétence communautaire, d'intégration des politiques, et d'unicité des institutions qui les mettent en œuvre, et inversement proportionnelle au degré de fragmentation nationale de ces mêmes politiques et du pouvoir de décision. C'est depuis longtemps une évidence pour nos grands partenaires mondiaux, soit alliés – les Etats-Unis, instruits de leur propre itinéraire politique et désespérant de voir un jour les Européens s'unir véritablement pour gagner en crédibilité et efficacité –, soit puissances en expansion, la Chine, ou fournisseurs d'énergie, la Russie, qui jouent de nos divisions et s'abstiennent de prendre l'Europe véritablement au sérieux.

L'ambition apparemment consensuelle des chefs d'Etat et de gouvernement de voir l'Europe contribuer à façonner la mondialisation par des politiques et une action extérieure communes est totalement vaine si elle ne s'appuie sur un renforcement *interne* de la cohésion européenne dans les domaines concernés, qui ne peut lui-même que résulter d'un transfert de compétences de la sphère nationale vers l'échelon communautaire. Face à ce constat, le choix est clair : renoncer à l'ambition européenne et se replier sur des stratégies nationales au nom d'un « réalisme » à courte vue, ou remettre le cap – délaissé depuis 1992 – sur une intégration économique et politique plus poussée.

Cette seconde option – seule véritablement réaliste, car les réalités du changement du monde nous l'imposent – ne signifie pas l'avènement des « Etats-Unis d'Europe » (le degré de centralisation prévalant outre-Atlantique est, du reste, très souvent surestimé par les Européens), mais plutôt la réalisation de la « fédération d'Etats-nations » popularisée par Jacques Delors au milieu de la décennie 1990. Cette notion originale exprime bien la spécificité (et la difficulté) européenne face à la plupart des systèmes fédéraux, où le niveau fédéral est également le lieu de l'appartenance nationale. Au-delà de la répartition des compétences entre différents niveaux de gouvernement, propre à tout système fédéral, le fédéralisme européen sera nécessairement, et pour longtemps, un système de compromis entre une organisation juridique et institutionnelle commune et des réalités politiques et sociologiques nationales beaucoup plus fortes qu'elle.

*

Si l'on admet que le maintien de l'influence européenne dans le monde globalisé et asiatisé de demain passe inéluctablement par la relance d'une dynamique de nature fédérative en Europe,

imaginons un instant que les Etats de
l'Union soient prêts à jouer le jeu et ten-
tons d'identifier les étapes et préalables
politiques essentiels à cette révolution.

4

*Quand les Etats
voudront l'Europe*

Le cahier des charges d'une Europe plus intégrée économiquement et politiquement est connu. Nombre d'excellents rapports ont analysé les défis à relever, identifié les priorités, et assigné à l'Union de multiples ambitions dans tous les domaines pertinents : politique énergétique et climatique, stratégie de croissance et de compétitivité, achèvement du Marché unique et de l'UEM, démographie et immigration, rénovation du modèle social européen, sécurité intérieure et extérieure, influence internationale... C'est d'ailleurs le propre de la littérature européenne que de plaider en faveur d'une Europe ambitieuse, avant de déplorer aussitôt que les réalités politiques – opposition des Etats membres à tout nouveau transfert de souveraineté ou renforcement de la solidarité européenne – rendent impossible sa réalisation.

Cet essai ne fait pas complètement exception à la règle, en ce qu'il vise à convaincre Etats et citoyens de la nécessité d'avancer vers une fédération d'Etats-nations afin que l'Europe demeure dans la course et pèse de tout son poids dans la mondialisation. Cependant il se distingue délibérément du discours européen dominant, en refusant de se laisser enfermer dans le réalisme de l'impuissance. Plutôt que recenser une fois de plus les objectifs à atteindre et les raisons pour lesquelles ils sont hors de portée, le propos est ici, dans une démarche de rupture libératrice, d'identifier les étapes et conditions politiques préalables à l'indispensable montée en puissance de l'Union européenne.

A ce stade, en effet, c'est bien au politique et au citoyen qu'il s'agit de revenir. Non pour faire l'apologie d'une angélique (ou hypocrite, selon les interlocuteurs) « Europe des citoyens », car la construction européenne n'a jamais progressé que grâce à la vision, à l'engagement et au courage d'un petit nombre de leaders politiques ou intellectuels, dans une relative indifférence de l'opinion. Le retour à la réflexion politique se justifie plutôt par deux raisons. La première est la nécessité de remédier au déficit de solidarité politique par rapport à la réalité de l'intégration monétaire et économique européenne mis en lumière par la crise : si seule la solidarité nationale est porteuse de solutions dans les périodes difficiles, à quoi sert l'Europe ? La seconde est l'utilisation du nationalisme des peuples et de l'absence de vie politique européenne par les gouvernements pour justifier le statu quo, et la nécessité qui en résulte de placer le débat (et le combat) sur ce terrain-là. En effet, les dirigeants nationaux, par leur gestion des affaires européennes, sont largement responsables de la désaffection citoyenne à l'égard de l'Union, et ont, de plus, activement contribué à empêcher l'émergence d'un véritable espace public européen.

Une relance assumée de l'intégration

Le point de départ de toute avancée significative en direction d'une Europe fédérale, dynamique et influente dans la mondialisation, se situe donc au niveau des Etats, et plus précisément des chefs d'Etat et de gouvernement de quelques Etats membres, dont l'Allemagne et la France : *sans leur conviction que cette évolution est indispensable dès la prochaine décennie et relève de leur responsabilité historique personnelle, rien ne sera possible.* La crise économique et financière mondiale, et plus encore celle de la zone euro, ont permis un prudent retour de la dynamique fédéraliste dans les discours et les faits, comme en témoignent les avancées récentes en matière de supervision financière européenne et de gouvernance de la zone euro. Mais, dans la foulée du succès de la présidence française du second semestre 2008, elles ont également conforté les tenants d'une Europe intergouvernementale, notamment dans la version « directoire des grands Etats » chère à Nicolas Sarkozy et à la diplomatie française.

La crise n'est toutefois qu'un signal d'alarme annonciateur des chocs que nous réserve la mondialisation, et doit être pour les Etats du Vieux Continent l'occasion d'un réexamen en profondeur de leur vision du projet européen. La relance de l'intégration économique et politique européenne doit redevenir l'axe central de la politique de la France, de l'Allemagne et d'autres Etats membres fondateurs ou représentatifs de la diversité européenne, tels la Pologne ou l'Espagne.

Justification d'une relance de la dynamique fédérale, la place de l'Europe dans la mondialisation doit être également au centre d'un nouveau message politique en direction des citoyens européens : après la paix et la prospérité, la préservation de la stature et de l'influence européennes dans un monde globalisé, instable et appelé à être dominé par l'Asie et les Etats-Unis, est la finalité nouvelle et durable du projet européen. La nouveauté de ce message est d'ailleurs relative, puisque la constitution d'une entité économique et politique dotée d'une taille critique faisait d'emblée partie de la vision des Pères fondateurs des Communautés européennes. Plus que jamais, le maintien de la prospérité et du modèle socio-économique européens est étroitement tributaire d'une insertion réussie de l'Europe dans le monde multipolaire du XXIᵉ siècle. Les Européens en sont conscients, mais les performances de l'Europe élargie et intergouvernementale voulue par les Etats les ont légitimement déçus. En France, le slogan d'une Europe « protectrice contre la mondialisation » a été doublement contreproductif, encourageant une attitude défensive à l'égard d'une évolution du monde perçue négativement – que ne partagent pas la plupart de nos partenaires –, et une condamnation de Bruxelles pour ses échecs dans cette mission impossible. Il s'agit bien plutôt de permettre à l'Europe de « réussir la mondialisation », c'est-à-dire de tirer parti des opportunités qu'elle offre, d'en relever les défis, et d'en influencer les contours et les règles.

Ce message politique nouveau suppose un changement d'attitude et de positionnement public des gouvernements nationaux à l'égard de l'Europe : qu'ils cessent ainsi de lui imputer la responsabilité de réformes nécessaires ou de leurs propres carences, de lui assigner des objectifs qu'elle n'est pas en mesure de remplir, et de la passer sous silence lorsqu'elle inspire les politiques nationales ! L'exemple de la stratégie de Lisbonne est à cet égard éloquent : dans nombre d'Etats, les réformes structurelles qu'elle a induites pour renforcer la compétitivité européenne ont été mises en œuvre sans la moindre référence à l'existence d'une stratégie européenne commune, ce qui en aurait accru la cohérence et l'acceptabilité par l'opinion. Cette « Europe honteuse » pratiquée par les gouvernements présuppose une hostilité des citoyens à l'égard de la construction européenne, souvent inexistante dans les faits et résultant en tout état de cause d'une fréquente attitude de dénigrement de la part des Etats. Il s'agit désormais, à l'inverse, de placer la dimension européenne au cœur de notre insertion dans la mondialisation, et d'en tirer les conséquences sur le plan politique comme en termes de moyens.

Une vie politique européenne

Une fois opérée cette conversion des dirigeants nationaux à la nécessité d'une relance de l'intégration, la deuxième étape consistera à favoriser l'émergence d'une véritable vie politique européenne, soubassement démocratique indispensable d'une Europe à vocation fédérale. L'élection du Parlement européen au suffrage universel depuis 1979 n'aura été à cet égard qu'un trompe-l'œil décevant : le mode d'élection purement national des députés européens n'a permis ni identification entre citoyens et élus, ni émergence d'un espace public proprement européen ou d'un consensus politique susceptible de remplacer l'alliance historique de la démocratie chrétienne et de la social-démocratie au fondement du projet communautaire. La montée en puissance continue du Parlement européen, de traité en traité, et sa promotion au rang de colégislateur avec le Conseil, *a fortiori* la relance d'une dynamique fédérale, exigent l'émancipation du mode d'élection des eurodéputés vis-à-vis de logiques purement nationales et médiocrement politiciennes qui, dans nombre d'Etats, dont la France, dévalorisent la fonction parlementaire européenne. La constitution progressive d'un vivier de personnalités dotées d'une compétence et d'une stature européennes favorisera à son tour l'émergence de listes électorales, de partis et, plus généralement, d'une vie politique transcendant les frontières nationales et susceptible de faire renaître un consensus en faveur de l'intégration européenne dans le nouveau contexte mondialisé. Les nominations à la tête des principales institutions politiques de l'Union procéderont alors de la majorité parlementaire ou d'une autre forme plus spécifique de légitimité européenne.

Cette évolution doit aller de pair avec une implication croissante des classes politiques nationales dans la vie politique européenne, appelée à devenir le prolongement naturel d'un parcours national. Un tournant symbolique sera enfin franchi le jour où un chef d'Etat ou de gouvernement d'un grand Etat membre considérera que la présidence du Conseil européen est une fonction plus intéressante et importante que la conduite des affaires du pays dont il a la charge.

Une autre avancée structurante pour l'émergence d'une vie politique européenne consistera à exclure les référendums nationaux pour ratifier les traités, au profit, s'il y a lieu, de consultations au niveau de l'Union. L'élimination des référendums nationaux se justifie, en premier lieu, du point de vue de l'équité et de l'efficacité du processus de ratification des traités. Dans une Europe à vingt-sept, voire davantage, il n'est plus raisonnable ni acceptable de permettre à certains Etats, représentant parfois une infime minorité de la population européenne, d'imposer *in fine* à leurs partenaires un vote populaire national, largement aléatoire dans ses motivations et susceptible de remettre en cause le résultat d'années de négociations. Prétendre que l'élimination des référendums nationaux constituerait un « déni de démocratie » revient à faire injure à la démocratie représentative, inventée à cette fin et mieux adaptée que le vote populaire à des matières aussi complexes que les traités européens.

Si une consultation populaire apparaissait un jour souhaitable sur une question européenne majeure (plutôt que sur un traité), c'est au niveau de l'Union qu'elle devrait être organisée, selon des règles de majorité reflétant démographie, poids économique et diversité des Etats membres. La tenue d'un référendum de ce type constituerait alors une nouvelle étape majeure sur la voie d'une vie politique et démocratique européenne.

Les moyens de nos ambitions

Engagement des chefs d'Etat et de gouvernement pour faire émerger une grande Europe fédérale – acteur majeur de la mondialisation –, avancées vers une réelle vie politique européenne qui complète le niveau national sur le terrain de la légitimité démocratique : ces deux préalables ouvriraient enfin la voie au nécessaire ajustement des moyens institutionnels, juridiques et financiers actuellement alloués à l'Union, en fonction des défis à relever. Le fossé entre les premiers et les seconds est la raison principale du manque de performance de l'Europe dans la mondialisation et du décalage entre son poids économique et sa capacité d'influence politique sur la scène internationale.

Pour permettre à l'Union d'évoluer à la

vitesse du monde qui l'entoure, il est essentiel de mettre fin à la double unanimité qui la paralyse au niveau de la révision des traités européens. Le droit de veto accordé à chacun des membres de l'Europe des Six au double stade de la conclusion, puis de la ratification des traités (celle-ci pouvant, de surcroît, au choix de chaque Etat, faire l'objet d'un référendum national), n'est plus tenable à vingt-sept. L'Europe ne peut plus se permettre de gaspiller le temps et l'énergie dépensés pour l'adoption d'un texte aussi modeste que le traité de Lisbonne, ni continuer à tolérer marchandages, délégitimation, fragmentation et confusion générés par les référendums négatifs qu'il faut réitérer, les dérogations et autres « déclarations » souvent dépourvues de sens et de cohérence qu'il faut concéder aux uns et aux autres, sans même parler des formes de chantage occasionnées ici ou là par la ratification du traité de Lisbonne.

Les procédures de révision simplifiée – notamment les clauses dites « passerelle » – introduites par ce traité font un pas dans la bonne direction, en substituant le Conseil européen et un processus de ratification implicite des parlements nationaux aux procédures traditionnelles d'adoption et de ratification des traités, en vue de permettre l'extension du vote à la majorité qualifiée ou de la codécision législative. Mais là encore, l'unanimité demeure la règle au Conseil européen et le veto d'un seul parlement national peut entraver le processus.

A l'instar de nombre d'organisations internationales beaucoup moins intégrées qu'elle, l'Union européenne doit pouvoir faire évoluer ses textes constitutifs à une supermajorité, tant pour leur conclusion que pour leur ratification. En sus de la procédure de retrait volontaire instituée par le traité de Lisbonne, les Etats dissidents se verraient offrir, dans la mesure du possible, des accommodements et protections comparables à ceux pratiqués jusqu'ici pour obtenir l'unanimité, à cette différence près que le nouveau traité entrerait en vigueur sans attendre le résultat de telles tractations.

On nous objectera que le débat institutionnel européen est parvenu à saturation, que les priorités sont ailleurs, et qu'il est possible d'avancer à la marge sur la base des traités existants, notamment celui de Lisbonne récemment adopté. Mais la crise de la zone euro a montré la nécessité d'adapter en permanence la gouvernance de l'Union, et le traité de Lisbonne est en l'occurrence inopérant pour remédier aux problèmes posés. Surtout, une relance assumée de l'intégration politique européenne ne saurait faire l'impasse sur la question de l'unanimité requise pour la révision des traités, origine de tant de déboires, et incompatible avec l'état d'approfondissement et d'élargissement actuel de l'Union.

Un second enjeu concerne la capacité décisionnelle de l'Europe et sa faculté à évoluer pour s'adapter à un environnement en mutation. Si l'Union veut devenir un acteur mondial, l'exécutif européen – déjà éclaté entre Conseil européen, Commission et Haut Représentant pour la politique étrangère – doit être en mesure de prendre des décisions rapides et significatives, à l'instar de la BCE en matière de politique monétaire, et non se contenter de « déclarations », « communications » et pseudo-stratégies. Dans le domaine législatif, l'extension du vote à la majorité qualifiée et de la co-décision entre le Conseil et le Parlement européen doit se poursuivre et s'accélérer pour devenir la norme dans tous les domaines, à l'exception de l'engagement de capacités militaires.

Se pose enfin la question de la mise en œuvre des politiques européennes, notamment celles relevant principalement d'une coordination d'actions nationales. La stratégie de Lisbonne a essentiellement échoué sur ce terrain-là. Une Europe plus intégrée économiquement et politiquement continuera à associer méthode communautaire et fonctionnement intergouvernemental dans les domaines de compétence à la fois européenne et nationale. Mais il faut mettre un terme au déséquilibre actuel en faveur d'une coordination intergouvernementale souvent réduite à une vague orchestration de stratégies nationales, qui n'a jamais véritablement fonctionné dans les domaines essentiels que sont l'énergie, la compétitivité, la fiscalité, les affaires intérieures ou la défense. Pour mériter son nom, la coordination intergouvernementale doit être maintenue dans des disciplines et menée sous la conduite déterminée des institutions communautaires – Conseil européen et Commission –, assistées de relais nationaux. L'exécution des principales politiques européennes relevant de la coopération entre Etats devrait ainsi faire l'objet d'un suivi régulier du Conseil européen et mobiliser, à l'échelon national, des représentants dédiés de chaque Etat membre, sous l'impulsion et le contrôle direct de la présidence du Conseil et de la Commission. La dimension intergouvernementale a donc toute sa place dans une fédération d'Etats-nations, si elle ne se réduit pas à un habillage européen de stratégies nationales et importe au contraire la cohésion de la dimension communautaire dans les domaines de compétence principalement nationale.

Le second grand volet d'une mise à niveau des moyens de l'Union européenne concerne sa capacité financière et la gestion de son budget. Au-delà de l'absence de coordination des politiques économiques et budgétaires nationales, la crise financière mondiale et celle de la zone euro ont mis en évidence l'incapacité de l'Union à utiliser le budget communautaire comme instrument de gestion de crise, notamment pour financer un plan de relance de dimension européenne. Ceci résulte de la nature subsidiaire du budget communautaire, limité conventionnellement dans son montant à 1,24 % du PIB de l'Union, et qui finance des politiques et postes de dépenses limitativement déterminés entre Etats membres. Ce plafond est, du reste, loin d'être atteint depuis longtemps, le budget s'élevant en réalité aux alentours de 1 % du PIB européen, soit 130 milliards d'euros, l'essentiel des politiques « européennes » étant mises en œuvre et financées directement au niveau national par les Etats.

La négociation des « perspectives financières de l'Union » – le budget communautaire lui-même, sur une période de cinq ans – est devenue l'un des exercices les plus ardus de la vie de l'Union, symbole de la désolidarisation croissante des Etats à l'égard du projet européen. Au-delà du montant global du budget, que les Etats refusent d'augmenter et que certains d'entre eux souhaitent même réduire, les deux principaux sujets de négociation concernent, pour les dépenses, l'allocation des ressources entre principaux postes du budget (politique agricole commune, politique de cohésion, politiques de compétitivité...) et, pour les ressources, le niveau de la contribution nette de chaque Etat, fonction de son niveau de prospérité mais sujette à divers correctifs, illustrés par le fameux « rabais britannique » arraché par Margaret Thatcher en 1984. Le budget communautaire est en effet aujourd'hui financé à près de 70 % par les contributions des Etats membres, les ressources propres initiales (droits de douane, ressources d'origine agricole…) ne constituant plus qu'un solde.

S'il garantit à l'Union un financement stable et un budget obligatoirement à l'équilibre, l'ensemble de ce dispositif présente plusieurs défauts majeurs : extrême complexité et opacité ; perspective étroitement nationale et « comptable » des Etats dans la négociation de leurs contributions nettes et de l'allocation des ressources entre les différents postes de dépenses, avec pour objectif principal l'optimisation du « retour national sur investissement » au détriment de l'intérêt commun de l'Union ; tensions croissantes entre Etats et dévalorisation de l'utilité de la dépense européenne et de l'appartenance même à l'Union aux yeux des opinions publiques.

La solution à ces problèmes passe dans un premier temps par une autonomisation progressive du budget de l'Union vis-à-vis des Etats, grâce à l'identification de nouvelles ressources propres de l'Union et la montée en puissance des institutions communautaires, notamment le Parlement, dans l'allocation des ressources aux politiques européennes. La création d'un impôt ou d'une taxe européenne – sur les transactions financières, les émissions de CO2 ou le kérosène – permettrait ainsi de réduire la facture acquittée par les Etats membres et d'accroître l'autonomie budgétaire de l'Union. Le développement d'une capacité d'emprunt autonome au niveau de l'Union irait dans le même sens. Par la suite, le progrès de l'intégration européenne vers une fédération d'Etats-nations et l'achèvement de l'union économique et monétaire devraient conduire à doter l'Union d'un budget beaucoup plus important, géré au niveau communautaire, et susceptible de remplir les différentes fonctions d'un budget national au niveau européen, notamment celle d'instrument de politique économique et de redistribution sociale.

Enfin, une Europe capable de décider et de s'adapter en permanence au changement du monde, dotée d'une plus grande autonomie financière, doit prendre conscience de son identité et ses intérêts stratégiques dans le nouveau contexte géopolitique, et se pourvoir des instruments juridiques, politiques et militaires pour les affirmer et les défendre. Cette démarche implique tout d'abord des choix fondamentaux sur les frontières géographiques de l'Union. La Russie et le Maghreb ne sauraient en faire partie. Quant à la Turquie, son adhésion n'est envisageable à long terme qu'à la double condition d'une évolution laïque et démocratique de ce pays et d'avancées significatives de l'Europe vers le fédéralisme, seules susceptibles d'atténuer l'effet de taille et l'excès d'hétérogénéité qui handicapent actuellement la candidature turque.

Cette délimitation opérée, l'Europe devra bâtir des relations équilibrées avec sa périphérie immédiate, notamment l'Afrique du Nord et la Russie, ainsi qu'avec les nouvelles puissances émergentes de la planète. Géant économique, elle doit prendre conscience des impacts géopolitiques de la mondialisation et de la dimension stratégique qui traverse désormais l'économie mondiale. Dans un contexte de migration de la puissance financière occidentale vers le monde émergent, un tournant symbolique dans ce domaine consisterait à doter l'Union européenne – à l'instar de la plupart des grandes puissances économiques de la planète – d'une réglementation des investissements extracommunautaires dans les secteurs stratégiques. De telles réglementations existent souvent au niveau national, avec une efficacité très relative. Leur élimination au profit d'une réglementation européenne unique signifierait à nos grands partenaires que les Européens ont perdu leur naïveté quant à la dimension géopolitique de la mondialisation, et sont capables de définir et défendre des intérêts stratégiques communs face à des risques de prises de contrôle sensibles en termes de sécurité ou d'indépendance, non plus nationale, mais européenne : une autre manière d'affirmer que l'Europe sera devenue politique.

Conclusion

La décennie décisive

Comment franchir la distance qui sépare le triste état actuel du projet européen des conditions propices à l'émergence d'un acteur politique majeur, capable de prospérer dans la mondialisation et de se mesurer aux nouvelles grandes puissances du XXIe siècle ? Sur quels leviers s'appuyer pour combler un tel fossé ?

Dans l'histoire de la construction européenne, les progrès du fédéralisme ont toujours répondu à des mutations géopolitiques fortes. Les Communautés européennes sont nées de la Seconde Guerre mondiale, puis de la réconciliation franco-allemande et de la volonté américaine de contrer la menace soviétique en renforçant l'Europe de l'Ouest. Quarante ans plus tard, l'Union économique et monétaire voyait le jour sur fond de réunification allemande, conséquence de la déliquescence de l'Empire soviétique. Aujourd'hui, d'autres mutations géopolitiques d'égale envergure – essor fulgurant de la Chine et de l'Inde et déclin relatif de l'Occident – appellent une nouvelle étape vers un fédéralisme européen. La crise économique et financière mondiale, les mutations qu'elle accélère et ses répercussions sur la viabilité de la zone euro offrent le levier indispensable au changement de la donne politique et à une relance concertée de l'intégration européenne : la Constitution des Etats-Unis n'est-elle pas née de l'échec du système confédéral antérieur et de la nécessité de parer à une crise des finances publiques sans précédent ?

Le succès de cette démarche suppose, de la part de quelques dirigeants nationaux, une prise de conscience de l'importance stratégique du moment présent pour l'avenir du continent européen, et de la responsabilité historique qui leur incombe de permettre à la construction européenne le saut qualitatif requis. Si elle surmonte ses tendances souverainistes et intergouvernementalistes, la France a, à cet égard, un rôle essentiel à jouer pour ramener l'Allemagne sur le chemin d'une union politique européenne, à la mesure de la responsabilité récurrente de Paris dans le récent virage nationaliste de Berlin. Une fois le mouvement amorcé, d'autres Etats membres suivront et les dissidents se marginaliseront.

Le temps est compté – tout au plus une décennie –, car le monde de 2020 sera très différent de celui d'aujourd'hui, et une Europe laissée en l'état s'y trouvera en bien moins bonne position sur les plans économique, démographique, énergétique et diplomatique, voire en matière de sécurité intérieure et extérieure. Plus grave encore, le risque existe que la poursuite des tendances centrifuges actuellement à l'œuvre et les méfaits économiques et sociaux de la crise se conjuguent pour provoquer une montée des nationalismes et un reflux de la dynamique européenne qui auraient vite fait de se propager tel un incendie.

Sans doute est-il grand temps de revenir aux grands principes de la construction européenne, à savoir que l'intérêt commun prime sur les intérêts nationaux, que le droit européen prévaut sur les droits nationaux, et que les institutions communautaires, gardiennes de l'un et de l'autre, doivent jouir de l'autorité nécessaire pour les faire respecter par les Etats, plutôt que leur être subordonnées et subir leurs directives et invectives.

Si le déclic indispensable relève des chefs d'Etat et de gouvernement, trois institutions de l'Union sont susceptibles de jouer un rôle moteur dans une relance de la dynamique européenne : le Parlement, la présidence du Conseil européen et la BCE, seule institution à représenter organiquement l'ensemble de la zone euro. Par ailleurs, la pression des élites économiques, sociales et intellectuelles – grands patrons, leaders syndicaux et associatifs, écrivains – a historiquement joué un rôle important dans les avancées de la construction européenne. Son relâchement au cours des dix dernières années, lié à la mondialisation d'un côté, aux déboires de la social-démocratie de l'autre, a contribué à affaiblir l'adhésion du public à la construction de l'Europe, voire à donner le sentiment d'une conversion des élites à l'euroscepticisme, contagieuse pour une classe politique structurellement encline au nationalisme. Le moment présent doit inverser cette tendance et marquer le retour d'un engagement actif des forces vives de l'Union en faveur d'une relance de l'intégration européenne.

Les objectifs prioritaires de cette relance, et de la mutualisation des ressources et atouts de l'Europe qui doit l'accompagner, sont clairs : renforcement de la cohésion et de la compétitivité de l'économie européenne, mise en place de politiques démographique et énergétique au niveau de l'Union, adaptation de nos systèmes sociaux et éducatifs à l'ère de la mondialisation, accroissement de l'influence et de la capacité d'action de l'Europe dans le monde.

A défaut de faire trembler la planète, le Vieux Continent a encore les moyens de demeurer l'un des pôles majeurs de prospérité et de civilisation du monde de demain. A condition que les Européens se réveillent enfin.

REMERCIEMENTS

J'adresse mes sincères remerciements à Katherine Rubinski, Yves Bertoncini, Jean-Paul Enthoven et Olivier Nora pour leur relecture attentive du manuscrit et leurs amicales suggestions.

TABLE

Dans la même collection